VENTE

du Mardi 27 Mars 1883,

HOTEL DROUOT, SALLE N° 1.

Collection de M. le Comte de Tramecourt

TABLEAUX

ANCIENS ET MODERNES

EXPOSITION PUBLIQUE

LE LUNDI 26 MARS 1883

DE 1 HEURE A 5 HEURES ET DEMIE.

COMMISSAIRE-PRISEUR

Me PAUL CHEVALLIER, Succr de Me CH. PILLET

10, rue de la Grange-Batelière,

EXPERT

M. E. FÉRAL, peintre, 54, Faubourg-Montmartre.

IMPRIMERIE PILLET ET DUMOULIN
Rue des Grands-Augustins, 5, à Paris.

CATALOGUE

DES

TABLEAUX

ANCIENS ET MODERNES

DES DIFFÉRENTES ÉCOLES

Berghem, Bosschaert, Casanova, G. de Crayer, Detroy, Dietrich,
H. Drouais, Franck, L. Giordano, G. Lairesse, N. Maas,
Moreelse, Moucheron, Natoire, Panine, Van der Poel, Porbus,
H Saftleven, Schidone, Snyders, Stella, Subleyras.
Tournières, Verkolie, etc., etc.

Anastasi, Andrieux, Binet, Brissot, César de Cock, Dameron, Damoye,
V. Dupré, Français, Hervier, Huguet, Jeannin, Lazerges,
Longuet, E. Millet, Nozal, Van Os, Pelouse, Prieur, Richet,
Roqueplan, Vernier, Vuillefroy, Ed. Yon.

Dépendant des Collections de feu M. le Comte de TRAMECOURT.

ET DONT LA VENTE AURA LIEU

HOTEL DROUOT, SALLE N° I

Le Mardi 27 Mars 1883, à 2 heures.

COMMISSAIRE-PRISEUR

Me PAUL CHEVALLIER, Succr de Me CH. PILLET

10, rue de la Grange-Batelière;

EXPERT : M. E. FÉRAL, peintre

54, Faubourg-Montmartre,

Chez lesquels se trouve le présent Catalogue.

EXPOSITION PUBLIQUE : le Lundi 26 Mars 1883,

De 1 heure à 5 heures et demie.

CONDITIONS DE LA VENTE

La vente sera faite au comptant.

Les acquéreurs payeront cinq pour cent en sus des enchères.

Paris. — Typ. Pillet et Dumoulin, 5, rue des Grands-Augustins.

DÉSIGNATION

TABLEAUX ANCIENS

BERGHEM (N.)

1 — SAINT JEAN.

BEYEREN (Genre de VAN)

2 — POISSONS, FRUITS ET LÉGUMES.

BOSCH (VAN DEN)

3 — L'ATELIER DU SCULPTEUR.

BOSCH (Van den)

4 — L'ATELIER DES ÉLÈVES.

BOSSCHAERT

(DEUX PENDANTS)

5 — FLEURS ENTOURANT DES VASES DE MARBRE.

BOUCHER (attribué à F.)

6 — AMOURS VOLTIGEANT DANS UN CIEL.

Jolie esquisse.
Modèle pour un plafond.

BOUCHER (attribué à F.)

(PENDANT DU PRÉCÉDENT)

7 — AMOURS SUR DES NUAGES.

BOURGUIGNON (J. Courtois, dit le)

8 — LE SIÈGE D'UNE VILLE.

Très belle et importante composition du maître.

BRAMER (Léonard)

9 — OFFRANDES A UNE REINE ASSISE SUR UN TRONE.

Très beau et important tableau de l'artiste.

BRAMER (Léonard)

10 — LE NOUVEAU-NÉ.

CASANOVA

11 — CHOC DE CAVALERIE.

Très jolie esquisse.

CASTEELS (Pierre)

12 — FLEURS DANS UN VASE MONUMENTAL.

CAZES (Romain)

13 — L'ADORATION DES MAGES.

CERQUOZZI

14 — PÊCHES ET RAISINS.

CRAYER (Gaspard de)

15 — L'ADORATION DES MAGES.

DETROY (le Père)

16 — PORTRAIT DU GRAND DAUPHIN.

DIETRICH

17 — PERSONNAGE ORIENTAL.

DIETRICH

18 — LE CHRIST COURONNÉ D'ÉPINES.

DROUAIS (Hubert)

19 — PORTRAIT D'UN GENTILHOMME.

Vu à mi-corps et couvert d'un ample pardessus violet.

DYCK (École de Antoine van)

20 — PORTRAIT D'UN PERSONNAGE PORTANT UNE CUIRASSE.

FLINCK (Govert)

21 — TÊTE D'HOMME.

FRANCK (Sébastien)

22 — LE CALVAIRE.

GIORDANO (Lucas)

23 — SAINT PIERRE.

GIORDANO (Lucas)

24 — SUJET BIBLIQUE.

Très belle esquisse.

JOUVENET (d'après)

25 — LE CHRIST DESCENDU DE LA CROIX.

KEYSER (attribué à Thomas)

26 — FAMILLE HOLLANDAISE.

LAIRESSE (Gérard)

27 — FIGURES ALLÉGORIQUES REPRÉSENTANT LES ARTS ET LES SCIENCES.

MAAS (N.)

28 — VIEILLE FEMME DANS UN INTÉRIEUR PRÉPARANT DES POMMES.

MAGNASCO

29 — TENTATION DE SAINT ANTOINE.

Bonne peinture, dans le style de Salvator Rosa.

MAGNASCO

(PENDANT DU PRÉCÉDENT)

30 — Même sujet interprété autrement.

MAGNASCO

31 — ANACHORÈTES.

Au milieu de constructions en ruines.

MATSIS (genre de QUENTIN)

32 — LE CHRIST DESCENDU DE LA CROIX.

MICHEL (Georges)

33 — TOUR EN RUINE AU BORD D'UNE RIVIÈRE.

Au premier plan, des pêcheurs dans un bateau.
Belle et vigoureuse étude de l'artiste.

MIEREVELT (genre de Michel)

34 — PORTRAIT D'UN PERSONNAGE VÊTU DE NOIR.

MOREELSE

35 — PORTRAIT D'UN SEIGNEUR VÊTU DE NOIR.

MOUCHERON (Frédéric)

36 — PAYSAGE COUPÉ PAR UNE RIVIÈRE. — SOLEIL COUCHANT.

NATOIRE

37 — APOLLON ET LE ROI MIDAS. 235

PANINI

38 — SOLDATS AU MILIEU DE MONUMENTS EN RUINE. 405

PANINI (genre de)

(DEUX PENDANTS)

39 — PALAIS AVEC COLONNES ET STATUES. 330

Au premier plan, des figures représentent Diane et ses nymphes surprises par Actéon.

— L'ENLÈVEMENT D'EUROPE.

PANINI (d'après)

400

40 — L'ÉGLISE SAINT-PIERRE, A ROME.

Belle copie du tableau qui est au Musée du Louvre.

POEL (VAN DER)

41 — ANIMAUX ET OBJETS DIVERS DEVANT UNE HABITATION RUSTIQUE.

PORBUS

42 — PORTRAIT EN BUSTE DE MARIE DE MÉDICIS.

PORBUS (genre de)

43 — PORTRAIT DE MESSIRE DE LAMORAL, PRINCE DE GAURE, COMTE D'EGMONT, etc.

RICCI (SÉBASTIEN)

44 — COMPOSITION ALLÉGORIQUE.

Représentant dans un ciel les dieux de la Mythologie. Très belle esquisse.

RICCI (attribué à Sébastien)

45 — PLUTON ET VÉNUS ACCOMPAGNÉS DE TRITONS ET DE NAIADES.

SAFTLEVEN (Herman)

46 — ANIMAUX AU REPOS DANS UN PAYSAGE.

SCHIDONE

47 — LA VIERGE SOUTENANT LE CHRIST MORT.

SCHOEVAERDTS

48 — NOMBREUX PERSONNAGES RÉUNIS SUR UNE PLACE, AUX ENVIRONS DE ROME.

SCHOREEL

49 — LA SAINTE FAMILLE AU REPOS.

SEGHERS (attribué à Daniel)

50 — FLEURS DANS UN VASE POSÉ SU UNE CONSOLE DE MARBRE.

Très beau tableau, d'une fraîcheur et d'une finesse remarquables.

SNYDERS

51 — FRUITS POSÉS SUR UNE CONSOLE DE PIERRE.

STELLA

52 — LA VIERGE, L'ENFANT JÉSUS, SAINT JEAN ET SAINTE ANNE, AU REPOS DANS UN PAYSAGE.

SUBLEYRAS

(DEUX PENDANTS)

53 — L'ÉLÉVATION DE LA CROIX ET LA DESCENTE DE LA CROIX.

TOURNIÈRES

54 — PORTRAIT D'UN JEUNE SEIGNEUR.

Vu à mi-corps et couvert d'un ample manteau grenat.

VERKOLIE

(DEUX PENDANTS)

55 — PORTRAITS D'HOMME ET PORTRAIT DE FEMME.

VINCKEBOONS

56 — PAYSAGE.

Au centre, Vénus et Adonis.

VLEUGELS

(DEUX PENDANTS)

57 — LA TOILETTE DE VÉNUS. BACCHUS ET ARIANE.

ÉCOLE ALLEMANDE

(DEUX PENDANTS)

58 — SUJETS RELIGIEUX.

ÉCOLE ALLEMANDE

59 — LA MISE AU TOMBEAU.

ÉCOLE ALLEMANDE

60 — TRIPTYQUE.

Saint Hubert, au centre, revêtu des habits pontificaux entouré de différents sujets ayant trait aux épisodes de sa vie.

Sur un des volets, il reçoit la mitre. .

Sur le second volet, le martyre du saint, moment où il va être décapité.

ÉCOLE DE COLOGNE

61 — TRIPTYQUE.

Représentant l'Adoration des Mages, la Fuite en Égypte la Vierge et saint Joseph adoranl l'enfant Jésus.

ÉCOLE ESPAGNOLE

62 — LE CHRIST EN CROIX.

ÉCOLE ESPAGNOLE

63 — RELIGIEUX DEBOUT TENANT UN CHAPELET ET UN LIVRE.

ÉCOLE FLAMANDE (XVIe SIÈCLE)

64 — LA MORT DE LA VIERGE.

ÉCOLE FLAMANDE (XVIe SIÈCLE)

65 — TRIPTYQUE.

Au centre, la Nativité entourée de sept médaillons, sujets religieux.

Sur les volets : le mariage mystique de sainte Catherine et la Vierge tenant l'Enfant Jésus dans ses bras.

ÉCOLE FLAMANDE (XVIe SIÈCLE)

66. — TRIPTYQUE REPRÉSENTANT L'ADORATION DES MAGES.

ÉCOLE FLAMANDE (XVIIe SIÈCLE)

(DEUX PENDANTS)

67 — REPRÉSENTANT CHACUN QUATRE SUJETS RELIGIEUX DANS LE MÊME CADRE.

ÉCOLE FLAMANDE

68 — DEUX SAINTS PERSONNAGES.

ÉCOLE FLAMANDE (ANCIENNE)

69 — LE CHRIST DESCENDU DE LA CROIX.

ÉCOLE FRANÇAISE.

70 — LA CRÉATION.

ÉCOLE FRANÇAISE.

71 — SAINTE MADELEINE.

ÉCOLE FRANÇAISE

72 — PORTRAIT D'UN ÉVÊQUE,

Couvert d'un manteau d'hermine.

ÉCOLE FRANÇAISE

73 — PORTRAIT DU RÉVÉREND PÈRE SOLON,

Prieur de Saint-Nicolas, à Laon.

ÉCOLE FRANÇAISE

74 — FLEURS ET FRUITS.

ÉCOLE HOLLANDAISE (XVIe SIÈCLE)

75 — SUJETS RELIGIEUX,

Représentant la Vierge et l'Enfant Jésus, entourés de saints personnages.

Bonne et curieuse peinture de l'époque.

ÉCOLE HOLLANDAISE

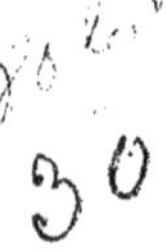

76 — LA VIERGE, L'ENFANT JÉSUS ET SAINT JEAN,

Entourés d'une guirlande de fleurs.

ÉCOLE HOLLANDAISE

(DEUX PENDANTS)

77 — UN SAINT ET UNE SAINTE,

En buste, entourés d'une guirlande de fleurs.

ÉCOLE HOLLANDAISE

78 — PAYSAGE AVEC FIGURES ET ANIMAUX AU PREMIER PLAN.

Genre de Berghem.

ÉCOLE HOLLANDAISE

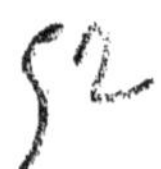

79 — PORTRAIT ÉQUESTRE D'UN OFFICIER SUPÉRIEUR.

ÉCOLE HOLLANDAISE

80 — LÉGUMES ET NATURES MORTES.

ÉCOLE ITALIENNE

81 — SAINTE FAMILLE ET DES ANGES.

ÉCOLE ROMAINE

82 — LA SAINTE FAMILLE.

ÉCOLE GRÉCO-RUSSE

83 — TRIPTYQUE.

La Vierge, l'Enfant Jésus et deux saints personnages. Peinture sur fond d'or avec pierres précieuses.

INCONNU.

84 — TRIPTYQUE.

Au centre, le Christ en croix; sur les volets, plusieurs saints personnages.

TABLEAUX MODERNES

ANASTASI (Aug.)

85 — BŒUFS A L'ABREUVOIR.

Soleil couchant.

ANASTASI (Aug.)

86 — VACHES PAISSANT DANS UN BOIS.

Effet d'automne.

ANASTASI (Aug.)

87 — L'ABREUVOIR.

ANDRIEUX

88 — LES PÊCHEUSES DE CREVETTES.

ANDRIEUX

89 – PAYSAGE AVEC MOULIN A VENT.

ANDRIEUX

90 — LE RETOUR DES BLESSÉS.

ANDRIEUX

91 — ÉTUDE DE PAYSAGE.

BINET (V.)

92 — VACHES AU PATURAGE.

Effet du matin.

BINET (V.)

(PENDANT DU PRÉCÉDENT)

93 — L'ABREUVOIR.

BINET (V.)

94 — PATURAGE AU PRINTEMPS.

BINET (V.)

95 — LES BORDS DE LA SEINE, A L'ILE SAINT-DENIS.

BINET (V.)

96 — ROCHERS AUX ENVIRONS DE DIEPPE.

BINET (V.)

97 — PATURAGE AUPRÈS D'UNE FERME.

BRISSOT

98 — LES PÊCHEURS A LA LIGNE.

COCK (César de)

99 — PATURAGE.

Effet de soleil levant.

COROT (attribué à)

100 — QUATRE ÉTUDES DE PAYSAGES, DANS LE MÊME CADRE, VUES D'ITALIE.

DAMERON

101 — PLATEAU DE BELLE-CROIX, FORÊT DE FONTAINEBLEAU.

DAMERON

102 — FERME DE NORMANDIE.

DAMOYE

103 — LE CARREFOUR DE L'ÉPINE.

Forêt de Fontainebleau.
Effet d'automne.
Signé et daté 78.

DAMOYE

104 — ROCHERS DANS LA FORÊT DE FONTAINEBLEAU.

Effet d'hiver.

DAMOYE

105 — TERRAIN MARÉCAGEUX.

Effet d'hiver.

DEFAUX

106 — CANARDS AU BORD D'UNE MARE.

DEFAUX

107 — ARBRES ET ROCHERS.

DESHAYES

108 — BATEAUX DE PÊCHEURS SUR LA PLAGE.

DESHAYES

109 — PLAGE A MARÉE BASSE.

DIAZ (Genre de)

110 — LES BAIGNEUSES.

DUPRÉ (Victor)

111 — BERGERS ET ANIMAUX DANS UN PAYSAGE.

DUPRÉ (Victor)

112 — L'ABREUVOIR.

FRANÇAIS

113 — LES BORDS D'UN ÉTANG.

Effet du matin.

FRANÇAIS

114 — LES BAIGNEURS.

GARRIDO

115 — LA CHANTEUSE ESPAGNOLE.

GUÉRARD (Amédée)

116 — NOCE DE VILLAGE.

HAREUX

117 — ARBRES ET ROCHERS.

Étude.

HAREUX

118 — ÉTUDE D'ARBRES.

Forêt de Fontainebleau.

53

HERMELIN

119 — SUR LES BUTTES MONTMARTRE, AU PRINTEMPS.

HERVIER

130

120 — PAYSAGE.

Effet d'orage.

HERVIER

150

121 — CHAUMIÈRE.

Effet d'hiver.

HOGUET

122 — PLAGE AVEC BATEAU DE PÊCHE. 1400

HOGUET

123 — MAISON DE BUCHERON, DANS LES MONTAGNES. 560

HUGUET

124 — ARABE A UNE FONTAINE.

JEANNIN

125 — PÊCHES ET FLEURS DES CHAMPS.

KEYMEULEN

126 — PAYSAGE ET ANIMAUX.

Signé et daté 1880.

LAVIEILLE (Eug.)

127 — BOIS DE BOULEAUX.

Forêt de Fontainebleau.

LAVIEILLE (Eug.)

128 — ROCHERS ET FOUGÈRES.

Forêt de Fontainebleau.

LAZERGES (H.)

129 — AMOUR SE BALANÇANT AU-DESSUS D'UN COURS D'EAU.

LEICKERT (CH.)

130 — L'HIVER, EN HOLLANDE.

LONGUET

131 — NYMPHE ET AMOURS.

LONGUET

132 — LES BAIGNEUSES.

Esquisse.

MILLET (E.)

133 — PAYSAGE AVEC FIGURES.

Toile cintrée du haut.

NOZAL (A.)

134 — CHEMIN DANS LA FORÊT.

Étude.

NOZAL (A.)

135 — ÉTUDE D'ARBRES.

OS (VAN)

135 — ANIMAUX AU PATURAGE.

OS (VAN)

137 — FEMME DONNANT LA NOURRITURE A DES BESTIAUX.

PELOUSE

138 — LES BORDS D'UN COURS D'EAU, AU SOLEIL COUCHANT.

PELOUSE

139 — SUR LA LISIÈRE D'UN BOIS.

Effet d'automne.

PELOUSE

140 — L'ÉCLUSE.

PETITJEAN

141 — VUE DE DORDRECHT.

PRIEUR

142 — ÉTUDE DANS LA FORÊT DE FONTAINEBLEAU.

RICHET (Léon)

143 — ARBRES ET ROCHERS.

Forêt de Fontainebleau.

RICHET (Léon)

144 — CHEMIN SOUS BOIS.

ROQUEPLAN (C.)

145 — CONFIDENCE DANS LE PARC.
Jolie esquisse.

SCHULTZE

146 — ANIMAUX AU PATURAGE.

SCHREIBER (Ch.)

147 — FEMME ITALIENNE FAISANT DU TRICOT.

TATTEGRAIN (F.)

148 — TÊTE DE CHARBONNIER.
Étude.

TSHAGGENI

149 — VILLAGEOIS ET ANIMAUX AU REPOS, DANS UN PAYSAGE.

VERNIER

150 — LE ZUYDERZÉE.

VUILLEFROY

151 — RETOUR DES TROUPEAUX PAR UN TEMPS DE PLUIE.

YON (Edmond)

152 — LES LAVEUSES.

Effet d'automne.

YON (Edmond)

153 — LAVEUSE AU BORD D'UNE RIVIÈRE.

ÉCOLE MODERNE

154 — PAYSAGE.

ÉCOLE MODERNE

155 — L'ABREUVOIR.

ÉCOLE MODERNE

(DEUX PENDANTS)

156 — PAYSAGES.

De formes ovales.

ÉCOLE MODERNE

157 — ÉTUDE DANS UN BOIS.

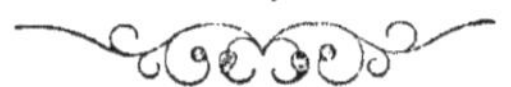

www.ingramcontent.com/pod-product-compliance
Lightning Source LLC
LaVergne TN
LVHW020254230826
846091LV00006B/2399

* 9 7 8 2 3 2 9 5 4 0 5 5 9 *